Conrad K. Butler

Warum ist Milch weiß und der Himmel blau?

Warum regnet es?

Stellen Sie sich die Wolken am Himmel vor, die eine gewaltige Wasserballonschlacht austragen. Diese Wolken sind flauschige Freunde, gefüllt mit winzigen Wassertropfen. Wenn diese Wassertröpfchen zusammenkommen und sich zusammenschließen, bilden sie eine schwere, durchnässte Allianz, die nicht mehr in der Luft schweben kann. Es ist wie ein superexklusiver Regentropfenclub, und wenn sie genug Spaß in den Wolken hatten, tauchen sie als Regen zu Boden. Wenn Sie also das nächste Mal Regentropfen sehen, denken Sie daran, dass es die Wolken sind, die ultimative Wasserparty veranstalten!

Warum ist der Himmel blau?

Nun, es ist, als wäre die Sonne eine magische Regenbogen-Taschenlampe, die sieben fantastische Farben ausstrahlt. Aber hier ist der lustige Teil: Die Luft ist ein bisschen ein Farbumsetzer. Es lässt nur die supercoole blaue Farbe mitfeiern und am Himmel tanzen. Wenn Sie also nach oben schauen, sehen Sie im Grunde, wie der Himmel seinen blauen Lieblingstanz aufführt. Es ist, als würde die Luft sagen: „Blau, du bist hier der Star!" Wenn Sie also das nächste Mal den blauen Himmel entdecken, wissen Sie einfach, dass er die coolste Farbe hat und dort oben die beste Tanzparty veranstaltet!

Warum erscheint ein Regenbogen?

Es ist, als hätte man einen Geheimcode, um einen bunten Schatz am Himmel zu finden! Stellen Sie sich die Sonne als Ihre Taschenlampe vor. Wenn nach ein wenig Regen Regentropfen zur Party hinzukommen, werden sie zu funkelnden Kristallen, die das Sonnenlicht einfangen. Und hier kommt der coole Teil: Um die Magie des Regenbogens zu entdecken, kehren Sie der Sonne den Rücken zu und schauen in die Richtung, in die der Regen fällt. Es ist wie ein Versteckspiel mit Farben! Die Sonne sendet ihr Licht durch die Regentropfen, und sie sind fantastische kleine Reflektoren, die das Licht in sieben erstaunlichen Farben zu Ihnen zurückwerfen. Wenn Sie also einen Regenbogen sehen, ist das so, als würde die Natur Ihnen zuzwinkern und sagen: „Hey, schauen Sie sich diese wunderschöne Überraschung an, die ich nur für Sie gemacht habe!".

Warum bekommen wir Gänsehaut?

Nun, es ist, als hätte man eine eingebaute Superheldenkraft! Stellen Sie sich Ihren Körper wie ein gemütliches kleines Schloss vor, und wenn er eine kühle Brise spürt, ist es Zeit für den unsichtbaren Umhang, der den Tag rettet. Wenn die Luft etwas kühl wird, werden Ihre Haare wie kleine Ritter, die aufstehen, um Sie zu beschützen. Sie bilden eine warme Barriere und schmiegen sich aneinander, um die Kälte fernzuhalten. Es ist, als würde Ihr Körper sagen: „Fürchte dich nicht, tapferer Ritter! Ich habe das.' Wenn Sie also das nächste Mal eine Gänsehaut bekommen, wissen Sie einfach, dass es Ihr unsichtbarer Umhang ist, der Sie in Ihrer eigenen kleinen Festung kuschelig warm hält!

Warum empfinden wir Schmerzen?

Nun, es ist, als ob wir ein Alarmsystem in unserem Körper hätten! Stellen Sie sich vor, Sie sind ein mutiger Entdecker und der Schmerz ist Ihr treuer Begleiter, der Sie vor möglichen Gefahren warnt. Wenn etwas weh tut, sagt Ihr Körper auf diese Weise: „Hey, hier stimmt etwas nicht!"

Passt auf!' Es ist wie eine kleine rote Fahne, die weht, um Ihre Aufmerksamkeit zu erregen. Wenn Sie also das nächste Mal Schmerzen verspüren, denken Sie an die Superhelden-Hotline Ihres Körpers, die Sie wissen lässt, dass es an der Zeit ist, vorsichtig zu sein oder einen Experten (z. B. Ihre Erwachsenen oder einen Arzt) hinzuzuziehen, der Ihnen hilft, das Problem zu beheben. Schmerzen machen vielleicht keinen Spaß, aber es ist die Art und Weise, wie Ihr Körper der beste Kumpel ist, der er sein kann!

Warum pinkeln wir?

Es ist wie die kleine Reinigungsmission unseres Körpers! Stellen Sie sich Ihren Körper als eine kühle Fabrik vor, die alle Getränke verarbeitet, die Sie genießen. Manche Getränke bringen tolle Dinge mit sich, die Ihr Körper braucht, während andere Dinge mit sich bringen, die er nicht braucht. All diese „Extras" landen in einem speziellen Speichertank namens Blase, der wie ein versteckter Behälter in Ihrem Unterbauch ist. Wenn dieser Behälter voll ist, sendet Ihnen Ihr Körper eine kleine Nachricht: „Hey, es ist Zeit, das Zeug loszulassen, das wir nicht brauchen!" Und dann besuchen Sie die Toilette. Pinkeln ist also die Art und Weise Ihres Körpers, Ordnung zu halten und sicherzustellen, dass Sie nur das Gute behalten. Es ist, als wären Sie ein Superheld in Sachen Sauberkeit – Captain Clean, zu Ihren Diensten!

Warum ist der Löwe der König der Tiere?

Nun, es ist wie der Rockstar der Natur! Löwen sind wie die harten Champions der Wildnis, weil sie hervorragend Fangen spielen können – sie laufen superschnell! Stellen Sie sich Löwen als die coolen Athleten der Tierolympiade vor, die wie schnelle Läufer über das Grasland sausen. Und oh, dieses Brüllen! Es ist nicht irgendein Ton; Es ist so, als würden sie sagen: „Hey, ich bin hier der Herrscher!" Es ist ein bisschen wie das königliche Mikrofon eines Löwen, das alle dazu bringt, innezuhalten und zuzuhören. Wenn es darum geht, hart zu sein und einen großen Auftritt zu haben, sind Löwen es die wahren Könige des Tierreichs.

Warum haben Hühner Flügel, fliegen aber nicht?

Es ist, als hätte man einen gefiederten Freund, der lieber hüpft als segelt! Stellen Sie sich Hühner als die kuscheligen, flauschigen Teddybären auf dem Bauernhof vor. Obwohl sie ein wenig über dem Boden flattern können, ähneln ihre Flügel einem sanften Flüstern und nicht einem Düsentriebwerk. Sie sehen, ihre Körper sind wie kleine Schwerkraftmagnete, und ihre Flügel sind zwar bezaubernd, aber wie zartes Flüstern im Wind. Wenn Sie also ein Huhn sehen, wissen Sie einfach, dass es ein flauschiger Freund ist, der gerne mit den Füßen auf dem Boden bleibt und mit einem Hüpfer und einem Hüpfer den Hof erkundet. Fliegend? Das ist für die gefiederten Superhelden am Himmel!

Warum hinterlassen Flugzeuge weiße Streifen am Himmel?

Es ist wie eine magische Himmelskunstshow! Stellen Sie sich Flugzeuge als schnelle Pinsel mit warmen Motoren vor. Während sie vorbeisausen, hinterlassen ihre Motoren eine unsichtbare Spur, wie ein Flüstern in der Luft. Nun, wissen Sie was? Winzige, unsichtbare Wassertropfen am Himmel beschließen, mitzumachen. Die Wärme des Motors ist wie ein Zauberspruch, der diese unsichtbaren Tröpfchen zu einem Wolkenbandtanz zusammenfügt. Es ist die Art des Flugzeugs zu sagen: „Schau dir die Himmelskunst an, die ich gemacht habe!" Doch wie bei einem Guck-Guck-Spiel entscheidet sich das Wolkenband nach einer Weile für ein Solo und verschwindet. Wenn Sie also diese weißen Streifen sehen, ist es der Himmel, der die geheime Kunstausstellung des Flugzeugs mit Ihnen teilt.

Warum leuchten Sterne?

Stellen Sie sich Sterne als kosmische Nachtlichter am Himmel vor, von denen jeder ein riesiger Feuerball ist, der ein strahlendes Leuchten ausstrahlt. Auch wenn sie klein erscheinen, liegt das daran, dass sie von weit oben ein Versteckspiel spielen. Wenn Sie also in einer klaren Nacht nach oben schauen, werden Sie Zeuge eines gewaltigen himmlischen Freudenfeuers, und diese funkelnden Sterne sind wie freundliche Glühwürmchen im riesigen kosmischen Hinterhof. Es ist die Art des Universums zu sagen: „Hey, sieh dir die magische Show an, die ich hier oben abliefere!"

Warum haben Oma und Opa graue Haare?

Es ist, als würden ihre Haare Geheimnisse der Weisheit flüstern! Unsere Haare erhalten ihre Farbe durch eine spezielle Farbe namens Pigment, und wenn wir klein sind, haben wir jede Menge davon, sodass unsere Haare wie leuchtende Regenbogen aussehen. Aber wenn wir älter werden, macht das Pigment eine Pause und das Haar beschließt, eine andere Geschichte zu erzählen - eine Geschichte von Erfahrungen und Wissen. Wenn Sie also Oma und Opa mit ihren silbernen Haaren sehen, ist es, als hätten sie sich in magische Zauberer verwandelt, die bezaubernden Geschichten eines gut gelebten Lebens erzählen. Ihr graues Haar ist wie die Art und Weise, wie das Universum ihnen eine Krone der Weisheit schenkt!

Warum ist das Gras grün?

Stellen Sie sich jeden kleinen Grashalm als Mini-Künstler mit einer besonderen Farbpalette vor. Die geheime Zutat für sein grünes Meisterwerk ist ein cooles Ding namens Chlorophyll – es ist wie die magische Farbe des Grases! Chlorophyll wirkt wie ein Sonnenscheinmagnet, der Sonnenstrahlen einfängt und sie in diese fantastische grüne Farbe verwandelt. Wenn Sie also eine Wiese sehen, ist es, als würde die Natur sagen: „Schauen Sie sich diesen fantastischen grünen Garten an, den ich nur für Sie gemalt habe!" Das Gras ist wie ein lebendiger Farbteppich und lässt die Natur super cool und lebendig aussehen. Die Natur ist der beste Künstler, nicht wahr?

Warum haben Tiere Schwänze?

Es ist so, als ob die Natur ihnen ein praktisches Werkzeugset schenkt! Stellen Sie sich Tails als tierische Superhelden vor - nicht mit Umhängen, sondern mit Tails, die alle möglichen coolen Tricks machen können. Schwänze helfen den Tieren, wie ein eingebautes Seil, das Gleichgewicht zu halten, insbesondere beim Springen oder Klettern. Und hier kommt der Spaß: Schwänze sind wie Tierredner! Manche Tiere sagen damit: „Hey, ich bin glücklich!" oder „Vorsicht, ich bin aufgeregt!" Schwänze sind wie die besondere, schwungvolle Sprache, mit der Tiere uns sagen, wie sie sich fühlen!

Warum brauchen wir zwei Nasenlöcher?

Nun, es ist, als hätte man ein fantastisches Geruchsteam in der Nase! Betrachten Sie sie als das dynamische Duo der Natur - einer rechts und einer links. Wenn wir zwei haben, können wir alle wunderbaren Düfte der Welt wahrnehmen. Ein Nasenloch könnte die Atempause des Superhelden sein und die schwere Arbeit übernehmen, wenn wir kräftig schnuppern, während das andere eine kleine Pause einlegt. Und rate was? Sie tauschen die Rollen! Es ist wie ein Tag-Team-Match um deine Nase. Wenn Sie also den herrlichen Duft Ihres Lieblingsessens oder den süßen Duft von Blumen wahrnehmen, nicken Sie Ihrer treuen Doppelnasen-Truppe zu.

Warum ist Milch weiß?

Es ist von Natur aus wie ein leckerer Zaubertrick! In der Milch befindet sich eine besondere Zutat namens Sahne, sozusagen der Superheld der Milch. Diese Creme ist voller winziger, unsichtbarer Fetttröpfchen. Wenn diese Tröpfchen in der Milch hängen, fangen sie das Sonnenlicht ein, wirbeln es herum und verwandeln die Milch in ein wunderschönes, schneeweißes Weiß. Wenn Sie also ein Glas Milch einschenken oder es über Ihr Müsli gießen, stellen Sie sich das so vor, als würden Sie an einem Glas der herrlichen und sonnenbeschienenen Überraschung der Natur nippen.

Woher kommen Löcher im Käse?

Es ist, als ob Käse eine heimliche Sektparty veranstaltet! Stellen Sie sich Käse als ein gemütliches Zuhause für freundliche Bakterien vor. Diese kleinen Freunde lieben es, als Dankeschön den Käse zu naschen und Gas zu produzieren. Wenn der Käse altert, bleiben diese Gasblasen im Inneren hängen, wodurch diese lustigen Löcher entstehen. Wenn Sie also löchrigen Käse sehen, ist es, als würden Sie ein Käseblasenfest erleben – je mehr Blasen, desto besser!

Warum weint man, wenn man eine Zwiebel schneidet?

Es ist, als würde uns die Zwiebel einen kleinen Streich spielen! Zwiebeln haben eine Superkraft namens Schwefel. Wenn wir sie schneiden, geben sie winzige Schwefelgasmoleküle in die Luft ab. Diese schelmischen Moleküle gelangen in unsere Augen und verbinden sich mit Tränen, wodurch ein leichtes Kitzelgefühl entsteht. Wenn Sie also Zwiebeln hacken, ist es wie eine verspielte Zwiebelparty, bei der die Zwiebeln Sie zum Lachen bringen wollen. Es ist die Art der Zwiebel zu sagen: „Hey, ich bringe dich vielleicht ein bisschen zum Weinen, aber ich verspreche, ich werde deiner leckeren Mahlzeit viel Geschmack verleihen!" Also, wenn Sie das nächste Mal eine Zwiebel zum Weinen bringt, denken Sie daran, dass es sich um einen kleinen Küchenkomiker handelt!

Warum haben wir Tag und Nacht?

Nun, es ist, als hätte unsere Erde ihren eigenen fantastischen Lichtschalter! Sie sehen, unser Planet liebt es, sich zu drehen, und wenn er sich der Sonne zuwendet, ist es Tag – Zeit für Abenteuer, Spiel und Umarmungen in der Sonne. Aber wenn wir uns davondrehen, ist es Nacht und die Erde macht ein kleines kosmisches Nickerchen in der schattigen Ecke. Tag und Nacht passieren, weil unser Planet nicht widerstehen kann, sich zu drehen und die Wärme der Sonne mit allen zu teilen. Es ist also, als würde die Erde sagen: „Lass uns ein wenig mit der Sonne tanzen und es uns dann gemütlich machen, um eine gute Nachtruhe zu genießen." Auf diese Weise sorgt die Erde dafür, dass jeder Tag eine perfekte Mischung aus Spaß und gutem Schlaf ist!

auch prüfen:

und vieles mehr!